INVENTAIRE
X 36011

36011

DE

L'USAGE PRATIQUE

DE LA

LANGUE GRECQUE

PARIS
LIBRAIRIE DE L. HACHETTE ET Cⁱᵉ
77, BOULEVARD SAINT-GERMAIN, 77

1864

DE

L'USAGE PRATIQUE

DE LA LANGUE GRECQUE.

Après la chute de Constantinople, les Grecs réfugiés rendirent à l'Occident un immense service; ils lui transmirent la langue, la littérature, la science helléniques, que, jusqu'alors, il n'avait que très-imparfaitement possédées. Sans doute le monde moderne a eu trois grands éducateurs, Israël, la Grèce et Rome; au moyen âge cependant, l'initiation n'est guère venue directement que de Rome. Ce fut la chute de Constantinople qui, au milieu du quinzième siècle, mit l'Occident en rapport immédiat avec le génie grec, de même qu'un peu plus tard, l'expulsion des Israélites d'Espagne et de Portugal, combinée avec la réforme de Luther, et la vulgarisation de la Bible, fit pénétrer jusque dans les masses la tradition hébraïque. De là le grand mouvement de la Renaissance. « Puisque, dans notre siècle, on commence à restituer toutes choses, » dit Luther, « comme si c'était déjà le jour de la restauration universelle, il m'est venu à l'esprit d'essayer si l'on ne pourrait pas restituer aussi Moïse, et rappeler les ruisseaux vers leur source (1). »

Ce ne fut là cependant qu'une renaissance en quelque sorte *spirituelle* des trois grands peuples méditerranéens ; aujourd'hui cette renaissance se complète et s'achève par une véritable résurrection nationale et matérielle de ces mêmes peuples.

Les Israélites, presque partout émancipés depuis la Révolution française, se sont établis dans toute l'Europe, en s'associant à tous les progrès de la civilisation moderne. D'un autre côté, la Grèce et l'Italie ont été affranchies, et partiellement au moins reconstituées ; elles ont repris leur place au milieu de la famille des peuples. Ce que pourront être les conséquences de cette restauration commencée d'Israël et de l'Italie, nous n'avons pas à le rechercher ici. Mais nous voudrions indiquer ce que peuvent et doivent être, au moins sous quelques rapports, les conséquences de la restauration de la Grèce.

Cette restauration a déjà rendu à la race grecque

---

(1) Lettre à Georges de Polenz, évêque de Samland, pour lui dédier la traduction du Deutéronome.

son ancien et véritable centre. Elle a en même temps porté ses colonies sur les points commerciaux les plus considérables de l'Europe et de l'Asie; elle a ouvert aux investigations de la science le théâtre de l'ancienne civilisation hellénique; elle a rendu aux Grecs une part déjà importante dans les affaires de l'Europe. Mais ce qui est d'un intérêt bien plus grand encore, d'un intérêt non plus seulement national, mais universel, cette restauration a doté notre monde d'un instrument de civilisation devenu aujourd'hui indispensable. Elle a mis à notre disposition une langue ayant tous les caractères, remplissant toutes les conditions d'une langue universelle.

Que tous les peuples marchent aujourd'hui à une commune organisation, à une société universelle, c'est ce dont il n'est plus possible de douter. La religion, la politique, la philosophie, les arts, les sciences, l'industrie, le commerce, conduisent également à cette conclusion. Mais si tel est l'avenir, l'avenir prochain peut-être de l'humanité, la conséquence première de ce grand événement doit être l'établissement d'une langue commune, qui, tout en laissant subsister les idiomes nationaux, signe et gage de l'individualité des peuples, soit cependant le *medium* des relations internationales entre les peuples et entre les individus; qui en même temps aussi serve à l'expression de ces vérités suprêmes, qui sont à la fois et le principe, et le lien commun des sociétés, et à ce titre doivent partout revêtir une forme identique et universelle.

Or il est une langue qui, depuis le seizième siècle, est devenue un élément nécessaire de l'éducation de tout homme lettré; une langue qui, par ses origines, touche aux origines mêmes de la civilisation, de même que par ses dernières créations elle en représente les plus récents progrès; qui dans l'intervalle est intervenue à toutes les phases de l'histoire, et y a dignement rempli sa mission; qui non-seulement n'est restée étrangère à aucune des grandes manifestations de l'esprit humain, dans la religion, dans la politique, dans les lettres, dans les arts, dans les sciences, mais en a été le premier instrument, et en quelque sorte la *matrice;* qui a été la langue d'Homère et d'Hésiode, d'Hérodote et de Thucydide, de Platon et d'Aristote, d'Hippocrate et de Théophraste, d'Euclide et d'Archimède; qui a été la langue de l'Évangile, de saint Paul, des Pères de l'Église, et en même temps celle de Lucien et de l'empereur Julien; qui a défrayé la littérature, la théologie, la jurisprudence byzantines; qui, dans ce travail de près de trente siècles, n'a rien perdu de sa vitalité primitive, a conservé son vocabulaire complet, et a gardé sa puissance plastique aussi parfaite qu'au premier jour; langue logique à la fois et euphonique entre toutes (1); qui, mo-

---

(1)   Graiis ingenium, Graiis dedit ore rotundo
       Musa loqui.

mentanément altérée dans une servitude de près de quatre cents ans, une fois la liberté reparue, a essuyé sa rouille, s'est refaite, réparée, repolie, et, quelles que soient les améliorations dont elle puisse encore avoir besoin, s'est mise en quelques jours en état de remplir la tâche nouvelle qui lui était assignée, et a suffi à la régénération de la Grèce moderne, maintenant admise au concert de la civilisation européenne.

Certes, nous ne prétendons pas que ce travail de réparation soit aujourd'hui terminé; et les efforts incessants des Hellènes pour introduire dans leur langue de nouveaux perfectionnements prouvent que telle n'est pas non plus leur pensée. Mais en même temps il faut bien reconnaître que, dans les changements qu'a subis la langue grecque depuis l'antiquité, tout n'est pas à regretter. A bien des égards, au contraire, la langue s'est modifiée dans le sens du progrès logique, accompli par toutes les langues modernes, et ces modifications, loin qu'on puisse songer à les effacer, doivent être soigneusement maintenues. D'autres innovations ont, il est vrai, un caractère moins heureux, et si jusqu'ici elles ont résisté aux tentatives de réforme si vigoureusement poursuivies par les Grecs eux-mêmes depuis le commencement de ce siècle, il y a tout lieu de croire cependant qu'elles finiront par être rectifiées. On peut s'en fier, sous ce rapport, à cet amour du perfectionnement si vif chez les Grecs, et qui prendrait encore une énergie nouvelle le jour où il serait entendu que la langue nationale est appelée à la destination de langue universelle. Dans ce cas, d'ailleurs, le concours des hellénistes étrangers et hellènes deviendrait tout naturel, et on devrait attendre de cette association les plus heureux résultats. Rappelons-nous d'ailleurs que le grec ancien est enseigné comme langue nationale dans toutes les écoles helléniques, et, avec un pareil élément d'amélioration, nul progrès n'est impossible. On sait la transformation profonde qui, au seizième et au dix-septième siècle, s'est opérée dans la langue française, sous l'influence des langues classiques, et sous la direction des grands écrivains et des studieux grammairiens de cette époque. Cet exemple est de nature à nous faire comprendre quel pourrait être, à l'égard du grec moderne, le succès de réformes infiniment plus simples et plus faciles, si elles étaient convenablement dirigées et toujours maintenues dans de justes limites.

Il y a d'ailleurs un point spécial et du plus grand intérêt pour lequel l'introduction du grec, comme langue internationale universelle, aurait une importance toute particulière; nous voulons parler de l'établissement, dans nos sociétés modernes, d'un système vraiment rationnel d'instruction publique. Sous le régime actuel, le nombre des langues que l'on est conduit à enseigner, en vue des nécessités de la vie pratique, s'est déjà partout considérablement accru et tend à s'accroître encore. De plus, il n'existe aucun lien entre cet enseignement pratique et l'enseignement classique, religieux, moral, littéraire, fondé sur l'étude des littératures hébraïque, grecque et romaine, enseignement qui, sous les auspices du Christianisme, a été et doit continuer à être la base de notre civilisation.

Eh bien, avec l'adoption du grec comme langue internationale universelle, tous ces inconvénients disparaissent. En dehors de la langue nationale, l'enseignement linguistique pratique peut partout se réduire à une seule langue, et cette langue est elle-même la clef de tout l'enseignement classique. Elle a autrefois présidé au développement de la littérature latine. Racine, Gœthe, André Chénier, sont là pour nous dire ce qu'a pu lui demander la poésie moderne. Le dirai-je enfin? comme langue évangélique, elle me paraît avoir fourni à l'humanité le type le plus parfait d'une langue vulgaire, type dont tous les idiomes modernes se sont logiquement rapprochés, en même temps que les sociétés elles-mêmes se rapprochaient moralement du type religieux chrétien.

Quant aux difficultés que pourrait présenter la réalisation de cette pensée, elles seraient à coup sûr bien moindres que celles qui ont pu s'opposer autrefois à l'introduction du latin comme langue universelle en Occident, et du grec lui-même en

Orient. N'oublions pas qu'à titre de langue classique, le grec est déjà universellement adopté, et que par suite tout est de longue main partout préparé pour son enseignement et sa propagation. Il s'agit seulement de développer ce qui existe et d'entrer résolûment dans une direction pratique.

Sous ce rapport, la première mesure à adopter serait l'introduction du grec moderne dans l'enseignement scolaire, comme premier degré de l'enseignement de la langue grecque. La lecture d'ouvrages relatifs à des sujets qui leur sont familiers, donnerait aux élèves une grande facilité pour s'approprier le vocabulaire et les formes grammaticales les plus simples conservées dans la langue moderne. La possession de ce vocabulaire et de cette grammaire, l'adoption de la prononciation nationale qui, sauf en un très-petit nombre de points, est incontestablement demeurée la prononciation ancienne, mettrait en peu d'années aux mains de la génération nouvelle, dans tous les pays civilisés, l'inappréciable trésor que nous avons indiqué, une langue générale appropriée à tous les besoins de l'activité et de la pensée humaines.

Il s'agit donc ici de décider si l'œuvre de l'éducation classique moderne, entreprise au temps de la Renaissance, dernièrement développée en France par la fondation de l'école d'Athènes, restera imparfaite, ou si elle se complétera en aboutissant au plus grand résultat pratique qu'il soit possible de concevoir. Il s'agit de décider si ces pensées d'organisation universelle, qui sont le trait caractéristique de notre époque, et dont dernièrement encore l'empereur Napoléon III proclamait la légitimité et l'opportunité, ne peuvent recevoir, même en dehors de la diplomatie, une première réalisation, qui ne manquerait pas d'en assurer le succès définitif.

Nous croyons le moment venu d'entretenir le public de ces questions; car la société humaine tout entière est aujourd'hui engagée dans une crise dont elle ne peut évidemment sortir que par un vaste et puissant effort d'organisation. Cependant, si nous avions été réduit à nos propres convictions, nous n'aurions pas pris la parole; nous n'aurions pas cru que nous y fussions suffisamment autorisé. Mais nous avons eu la satisfaction de trouver ces mêmes convictions exprimées par un des publicistes les plus distingués de la Grèce. Dans un recueil périodique français, publié à Athènes, à la suite de la guerre de Crimée, pour la défense des intérêts grecs en Europe, M. Renieri, depuis ministre de Grèce à Constantinople, aujourd'hui l'un des sous-gouverneurs de la banque nationale hellénique, insérait, il y a déjà neuf ans, un article dans lequel se trouvaient exposées, relativement à l'avenir de la nation grecque et de la langue grecque, des idées tout à fait semblables à celles que nous venons d'énoncer. M. Renieri a bien voulu nous permettre de détacher de son article l'extrait suivant, pour le joindre à notre travail. Heureux de cet accord, et fort de cet appui, nous n'hésitons plus à appeler l'attention du public sur les considérations développées dans les pages précédentes et dans l'article de M. Renieri.

Nous n'ignorons pas d'ailleurs quelles graves et nombreuses objections peuvent nous être opposées, et nous sommes à l'avance préparé aux critiques, aux doutes, à l'indifférence même avec lesquels notre pensée pourra être accueillie. Mais quelque soit l'arrêt définitif qui intervienne, nous croyons que notre tentative a du moins un mérite qui ne saurait lui être refusé, celui de soulever une question tout actuelle. Pour qui a compris notre temps, en effet, il est évident que la question d'une langue universelle, non plus que celle d'une métropole universelle, ne peuvent longtemps encore reposer dans le silence où elles sommeillent aujourd'hui.

M. Renieri a bien voulu traduire en grec moderne l'exposé précédent, ainsi que les fragments de son propre travail que nous y avons ajoutés. Cette traduction paraît en même temps que les textes eux-mêmes.

Gustave d'Eichthal.

DE L'AVENIR

DU PEUPLE GREC

ET DE

LA LANGUE GRECQUE.

[Extrait du *Spectateur de l'Orient* (Athènes, 10/22 février 1855).]

..... S'il est bon qu'il soit démontré que nous pourrons servir les intérêts de l'Europe, que nous deviendrons une garantie nouvelle de l'équilibre européen, il est mieux encore qu'il soit démontré que nous ne serons pas le pâle reflet de l'Europe occidentale, que nous pourrons aussi accroître ses richesses morales, pousser plus loin les bornes de son horizon, jeter de nouveaux éléments dans la variété de sa civilisation.

L'originalité est chez les peuples le cachet infaillible d'une grande mission. Notre originalité, à nous, c'est l'hellénisme.

Si un ancien revenait au monde et visitait l'une après l'autre toutes les nations de l'Europe, il ne comprendrait pas grand'chose aux langues modernes; en Grèce, seulement, il entendrait parler une langue familière à son oreille; il y reconnaîtrait les débris de tous les dialectes de l'ancienne langue grecque.

C'est une vérité admise déjà par tous les savants, que la langue grecque moderne n'est pas la fille de l'ancienne, comme les langues de l'Europe occidentale sont des filles plus ou moins ressemblantes de la langue latine, mais qu'elle est la même langue sous une forme nouvelle. Or, quelle est la cause de ce phénomène? Pourquoi sommes-nous, sous le rapport du langage, plus proches des anciens que tous les autres peuples de la terre?

Ce témoignage irrécusable prouve que la race grecque a subi moins de transformations et de mélanges que les autres races occidentales, qu'elle a retenu mieux que les autres races une grande part de l'état de société qui existait avant l'invasion des barbares.

Si nous récusions le témoignage de la langue, nous aurions celui de la religion.

Si un des saints Pères du concile de Nicée, si saint Jean Chrysostome ou saint Basile revenaient à la vie terrestre, dans quelle partie du monde, si ce n'est chez nous, reconnaîtraient-ils l'Église chrétienne de leur temps? A la messe, aux cérémonies du baptême, du mariage, etc., ils avoueraient tout de suite que pas un iota n'a été changé, qu'ils retrouvent tout à sa place, même les costumes sacerdotaux, même la psalmodie sacrée, comme si plus de quinze siècles ne s'étaient pas écoulés depuis lors.

Voilà, d'après nous, le caractère saillant de la civilisation grecque, ce qui la distingue de la civilisation occidentale.

L'invasion barbare compte plus de 1,200 ans en Occident, elle n'en compte chez nous que 400. En 1453, lorsque l'Europe commençait à sortir renouvelée et transformée du grand creuset du moyen âge, la race grecque, le dernier débris de la société ancienne, sous la forme que lui avait donnée l'empire gréco-romain, était engloutie par la conquête ottomane. L'événement qui, pour l'Occident, remonte à une antiquité reculée, pour nous est d'hier.

Ensuite, la conquête barbare de l'Occident a tout changé dans la société ancienne, la langue, les lois, les mœurs, le sang, l'organisation de l'Église elle-même. L'Église papale du moyen âge n'est plus l'Église de saint Ambroise et de saint Augustin. Chez nous la conquête barbare, comme la lave du Vésuve à Pompéi, a tout recouvert, mais n'a rien transformé. Elle n'en a pas eu le temps d'abord;

ensuite la religion a élevé une barrière infranchissable entre les conquérants et les vaincus. Sous son abri, les Grecs devenus *raïas* ont conservé leur langue, leur organisation municipale, leurs mœurs, leurs églises, leurs traditions littéraires et sociales. La société occidentale, en passant par le moyen âge, a subi une transformation complète, elle s'est assimilé des éléments nouveaux; mais elle a perdu aussi le fil de beaucoup de choses, qu'elle tâche, depuis des siècles, de retrouver et de renouer.

La papauté et la féodalité, voilà les deux grands effets de la conquête barbare que l'Occident a essayé, depuis le quinzième siècle, de réformer, en remontant aux traditions antérieures à la chute de l'empire romain.

..... La réforme politique, qui a suivi la réforme religieuse, a été une autre tentative de réaction contre le moyen âge, une autre révolution contre le système féodal que la conquête barbare avait créé en Occident. On voulait la liberté, l'égalité de tous devant la loi, la fraternité, une royauté forte, organe et représentant de la souveraineté nationale, une administration romaine. Pour fonder tout cela, pour se dépouiller des habitudes contraires à ces principes, on a fait plusieurs révolutions, on a répandu beaucoup de sang; et cependant on n'est pas encore arrivé à détruire entièrement tout vestige et toute habitude de la féodalité, à déraciner les préjugés des classes, à confondre ensemble la noblesse, la bourgeoisie, le peuple travailleur, à réaliser cette égalité et cette fraternité qui règnent depuis des siècles dans la société grecque. Le socialisme est là, menaçant toujours et témoignant, par la lutte des classes entre elles, que l'esprit du moyen âge, que les habitudes de la conquête barbare n'ont pas encore été complétement vaincues.

De la réforme religieuse et politique, passons à la réforme littéraire. Là aussi l'Occident s'est aperçu, depuis l'époque de la Renaissance, que la société antérieure à la chute de l'empire romain était non-seulement la source du divin et du juste, mais encore du beau et du vrai; que, pour s'abreuver à cette source, il fallait comprendre l'antiquité; et qu'on ne pouvait se livrer à cette entreprise sans le secours du seul peuple de la terre qui a conservé quelque chose de la langue et de la tradition helléniques. Les savants grecs, dispersés en Occident par la conquête ottomane, ont été de vrais initiateurs; ils ont fait une véritable révolution au quinzième siècle. A peine eurent-ils allumé en Europe le flambeau de l'hellénisme, que l'édifice du moyen âge parut laid et baroque. L'Europe ne douta plus seulement de son Église et de ses institutions politiques, elle douta aussi de son goût. A cette lueur féconde, les lettres modernes ont créé des ouvrages qui sont des chefs-d'œuvre, si on les compare à l'époque du moyen âge, mais qui sont des essais si on les compare aux véritables chefs-d'œuvre du génie grec. Pas plus que la réforme religieuse et politique, la réforme littéraire n'a encore atteint son but, et l'Occident en est encore à la recherche de son idéal. Nous n'avons pas la folie de croire que nous possédons cet idéal, qui a échappé jusqu'à présent aux embrassements de l'Occident; mais nous avons l'orgueil de croire que nous pourrons l'aider puissamment dans cette recherche. Cette noble ambition se fonde sur ce que nous avons moins d'obstacles et de murs de séparation que lui à franchir pour remonter à l'antiquité gréco-chrétienne, pour aspirer son air salutaire et fécond; que nous en sommes plus près par notre langue, notre Église, notre histoire, nos traditions sociales et littéraires. Si une poignée de savants grecs a rendu au quinzième siècle de si grands services à l'Europe, si elle a changé la face du monde, ne pourra-t-on pas, sans être taxé d'une excessive ambition, espérer quelque chose de grand pour les destinées de l'humanité, lorsque le peuple grec tout entier, guéri de ses maux séculaires, ne portant plus à ses mains et à ses pieds les empreintes des chaînes de l'esclavage, qui, au dire d'Homère, enlève à l'homme la moitié de son âme, viendra s'asseoir au grand banquet des peuples civilisés?

Et comment ne pas croire aux hautes destinées de ce peuple, lorsque lui, le dernier venu, le mendiant vêtu par la charité publique, lui, l'affranchi d'hier, il pourra exprimer ses premières pensées, ses premières aspirations de bonheur et de reconnaissance dans une langue qui sera comprise d'un bout à l'autre de l'univers ?

La langue française, dit-on, est la plus répandue sur la surface du globe. En un sens, la langue grecque est encore plus répandue que la langue française; on l'apprend dès l'enfance dans toutes les écoles de la terre. Il est vrai qu'à peine a-t-on fini ses études, on n'a rien de plus pressé que de l'oublier, à moins qu'on ne se voue à l'étude de l'antiquité; mais lorsqu'on saura que ce n'est plus la langue d'une nation morte, que sa littérature n'est pas close, qu'elle continue à être l'organe de la pensée grecque; lorsqu'on saura que pour pénétrer dans cet Orient, où commencent à converger les rayons des idées, des intérêts, des passions du monde entier, il faudra passer par le vestibule de la Grèce, on l'étudiera avec plus de soin et on ne l'oubliera pas.

RENIERI.

NOTE.

28 octobre 1864.

Une objection très-fondée, à laquelle d'ailleurs la critique grecque s'est elle-même associée (1), nous engage à modifier une opinion émise dans les pages précédentes. La langue grecque moderne, ou pour mieux dire la langue grecque vulgaire, n'est pas encore fixée, peut-être même ne le sera-t-elle pas de sitôt. Elle tend incontestablement à se rapprocher de plus en plus de la langue ancienne (2), sans que jamais cependant elle puisse arriver à l'identité; les âges sont trop différents; les inspira-

---

(1) Voyez le journal grec *la Clio*, de Trieste, du 25 août (5 septembre) 1864.

(2) Ἀμετακίνητον τέρμα πρὸς ὃ φυσικῶς τείνει ἡ γλῶσσα ἡμῶν, καὶ ἀκένωτος ἀποθήκη ἐξ ἧς ἀρύεται, εἶναι τὸ ἔνδοξον αὐτῆς παρελθόν. (Εὐνομία, Athènes, 12/24 septembre 1864.)

tions trop diverses. Durant cette transformation et cette fluctuation de la langue vulgaire, son étude peut sans doute, au point de vue pratique, servir de couronnement à l'enseignement classique du grec; à bien des égards même, il est désirable qu'il en soit ainsi; mais évidemment, elle ne peut, comme nous en avions exprimé l'opinion (1), servir de point de départ à cet enseignement; le grec vulgaire a lui-même pour point de départ le grec ancien.

Un des lettrés les plus distingués de la Grèce, professeur à l'université d'Athènes, M. Philippos Johannou, a inséré dans l'*Almanach national* de 1863 (2), un article extrêmement remarquable sur la langue moderne, et ses rapports avec l'ancienne. Sa conclusion est celle-ci : D'un côté il faut que la jeunesse hellénique s'occupe activement de l'étude du grec ancien, et arrive à le lire et à l'écrire de façon à ce qu'il devienne la langue scientifique et littéraire du pays, comme le fut pour l'Occident le latin au moyen âge. D'un autre côté, il faut que les Grecs s'attachent à cultiver et à perfectionner la langue vulgaire, qui seule aujourd'hui peut être entendue du peuple, bien qu'elle ne diffère de l'ancienne que par un très-petit nombre de points, sauf en ce qui concerne la syntaxe. Ces différences,

---

(1) Voy. ci-dessus, p. 10.
(2) Ἐθνικὸν Ἡμερολόγιον διὰ τὸ ἔτος 1863, publié à Paris et à Athènes, par M. P. Vréto.

M. Philippos les a, en quelques pages, énumérées et précisées ; mais bien souvent aussi il est obligé de reconnaître que, dans les particularités qu'il signale, la pratique des lettrés est en avant de l'usage populaire, et est déjà revenue aux formes anciennes. La langue vulgaire, nous le répétons, n'est donc pas fixée. Elle tend de plus en plus à se rapprocher de son passé, autant que le permettent les changements survenus dans les habitudes de l'esprit humain, et cette tendance ne peut d'ailleurs que se prononcer davantage, à mesure que s'étendra l'étude du grec ancien, soit en Grèce, soit même dans le reste du monde lettré. Mais nous sommes encore loin du terme de cette évolution, et, en attendant, le grec vulgaire ne peut évidemment fournir la matière d'un enseignement élémentaire.

La voie indiquée par M. Philippos est bien d'ailleurs celle que suivent aujourd'hui les Hellènes. D'une part, dans les livres, dans les journaux, dans les écoles, à la tribune, la langue vulgaire, déjà si voisine de l'ancienne, qui en a le vocabulaire et la plupart des formes grammaticales, se perfectionne de plus en plus, et se rapproche de son modèle ; de l'autre, nous voyons des efforts très-heureux pour appliquer le grec ancien aux plus importants sujets de la science et de la pensée moderne. Ce n'est pas une froide et pédantesque imitation de l'antiquité ; c'est une vivante application des ressources anciennes aux besoins du présent. Ce n'est point un étranger qui se sent gêné, et comme emprisonné dans le palais où il s'est voulu loger; c'est l'héritier légitime qui dispose en maître du domaine dans lequel il s'est réinstallé. Sous la plume des écrivains dont nous parlons, le grec ancien est vraiment redevenu une langue vivante (1).

Gustave d'Eichtal.

---

(1) Pour ne parler que de ce qui nous est personnellement connu, nous mentionnerons les remarquables articles de MM. Karatheodoris, Maurogenis, Basiadis, dans le Φιλολογικὸς Σύλλογος, de Constantinople, et celui de M. Makrakis, qui a pour titre ὁ κατὰ τοὺς νῦν Ἕλληνας Ἑλληνισμός, dans le Ἐθνικὸν Ἡμερολόγιον pour 1865.

www.ingramcontent.com/pod-product-compliance
Lightning Source LLC
Chambersburg PA
CBHW061017050426
42453CB00009B/1485